Schulz ▪ Rose ▪ Bodemer ▪ Spieker ▪ Kreikenbaum

Kartenset Krippe – Die Wasserpatscher

Betreuung von Kindern unter 3 Jahren in Krippe und Kindertagespflege

Grundkartenset

SOZIALPÄDAGOGIK

HT

Autorenteam

Das Autorenteam möchte sich im Folgenden kurz vorstellen.

Die Autorinnen

Heike Schulz: Jahrgang 1966
Diplompädagogin, Berufsschullehrerin
Fächer: Sozialpädagogik, Arbeitsorganisation und Recht, Praxis

Elisabeth Rose: Jahrgang 1990
Berufsschullehrerin
Fächer: Sozialpädagogik, Praxis, Deutsch, Spanisch

Sabine Bodemer: Jahrgang 1968
Berufsschullehrerin
Fächer: Biologie, Gesundheit und Pflege, Ernährung und Hauswirtschaft

Kerstin Spieker: Jahrgang 1986
Berufschullehrerin
Fächer: Sozialpädagogik, Praxis, Deutsch

Regina Kreikenbaum: Jahrgang 1961
Diplom Ökotrophologin, Berufsschullehrerin
Fächer: Gesundheit und Pflege, Ernährungslehre

Mit einem großen Dank an alle Schülerinnen und Schüler der Kinderpflegeklassen, die uns in der Erprobungsphase der neuen Karten wertvolle Rückmeldungen gegeben haben.

Inhalt

Vorwort

„Jetzt kommen die Kleinen …" hieß es zu Beginn des Ausbaus der Betreuungsmöglichkeiten für U3-Kinder. Mit dem Kartenset Die *Wasserpatscher* liegt nun praxisnahes Arbeitsmaterial vor, mit dem sich die Bildung, Betreuung und Erziehung von Kleinstkindern anschaulich und methodisch vielseitig in unterrichtlichen Zusammenhängen thematisieren lässt. Die im Grundkartenset enthaltenen 11 Kinderkarten laden dazu ein, sich mit Fragen der Entwicklung und Bedürfnissen der Kinder auseinanderzusetzen. Die beschriebenen Anforderungen und Herausforderungen des Alltags in der Betreuung von Kindern im Alter von 4 Monaten bis zu 3 Jahren fordern die Lernenden dazu auf, eigene Handlungsmöglichkeiten zu entwickeln.

Mit dem Kartenmaterial kann eine Vorbereitung für die Tätigkeit in unterschiedlichen Arbeitsfeldern erfolgen: Das Sozialgesetzbuch weist eine Gleichstellung der Betreuung in sozialpädagogischen Einrichtungen und der Betreuung in der Kindertagespflege aus. So soll auch die Nutzung dieses Arbeitsmaterials grundsätzlich für die Arbeit in beiden Arbeitsfeldern qualifizieren: Krippe *und* Kindertagespflege. Eine Nutzung ist daher auch für unterschiedliche Ausbildungsgänge und Qualifizierungsangebote möglich, sei es in der sozialpädagogischen Erstausbildung, in der Fachschule für Sozialpädagogik oder auch in Qualifizierungsangeboten für die Kindertagespflege.

Die im Grundkartenset enthaltenen Personen und Einrichtungskarten tragen diesem Gedanken Rechnung. Eine besondere Rolle nimmt dabei die Persona „Carina Stenzel" ein. Sie kann als Erzieherin in der Krippe gemeinsam mit ihrem Kollegen Malte und der Anerkennungspraktikantin Maryam im Team arbeiten. Diese drei Personenkarten sind somit wichtige Bestandteile des Krippenuniversums. Ebenso kann mit der ausschließlichen Nutzung von Carina Stenzel das Arbeitsfeld der Kindertagespflege erschlossen werden. Bei Bedarf wäre es sogar möglich, die Tagespflegestelle mit den beiden weiteren pädagogischen Fachkräften zur Großtagespflegestelle zu ergänzen.

Das Material trägt damit zu einer lebendigen Unterrichtsgestaltung bei. Mit dieser virtuellen Krippe bzw. Tagespflegeeinrichtung können ausbildungsrelevante Themen und Fragestellungen mit konkreten Personen und Orten verknüpft und anschaulich erarbeitet werden. Zur Visualisierung der Krippe wird ergänzend ein Poster mit den Räumlichkeiten der *Wasserpatscher* mitgeliefert.

Die Krippengruppe *Wasserpatscher* lässt sich zudem auch in Ergänzung zum bereits etablierten Kartenset *Die Pfützenhüpfer* (Bestell-Nr. 4772) als weitere Gruppe der fiktiven Kita *Regenbogenland* nutzen.

Der Vorteil für die Unterrichtsgestaltung liegt auf der Hand: einmal eingeführt, werden die Personen für die Lernenden schnell zu ständigen Begleitern, die Räume und die sozialen Bezüge sind bekannt und es kann fortlaufend Bezug darauf genommen werden. Auch Lehrkräfte profitieren: Ein ständiger Wechsel in neue Settings, die aufwändig erarbeitet, vermittelt und erläutert werden müssen, entfällt.

Darüber hinaus können die vorbereiteten Situationen und Aufgaben der Zusatzkartensets (s. S. 12) genutzt werden, um einen schnellen Zugang zu besonderen Themengebieten zu erhalten.

Der besondere Vorteil des Grundkartensets und der Zusatzkarten liegt unseres Erachtens darin, dass nicht nur sozialpädagogische Lernfelder thematisch abgebildet werden, sondern auch weitere Themenfelder wie Ernährung und Hauswirtschaft, Gesundheit und Pflege, Bewegung oder Musik an dieses Lernsetting anknüpfen können. Eine fächerübergreifende Kooperation wird so erleichtert.

Wir hoffen, Ihren nun geweckten Erwartungen gerecht zu werden.

Autorenteam und Verlag

Hinweis: Aus Gründen der besseren Lesbarkeit verwenden wir in den Kartensets abwechselnd die männliche und weibliche Form; dies stellt keine Diskriminierung dar und spricht auch immer alle übrigen Geschlechter an.

Verwendungsmöglichkeiten des Grundkartensets

Die Arbeit mit dem Grundkastenset bietet viele Einsatzmöglichkeiten, um die vorgegebenen Inhalte und Themen der Bildungspläne der jeweiligen Bundesländer praxisnah zu erarbeiten. Je nach Zielsetzung können Lehrkräfte eigene Methoden und Ideen einbringen, um die Kompetenzen, das Wissen und die Fähigkeiten der Lernenden zu fördern, die für die Arbeit mit Kleinstkindern Voraussetzung sind. Die Kinderkarten bieten Anknüpfungspunkte für verschiedene Themenschwerpunkte, die durch eigene Fragestellungen und eigene Methoden von den Lehrkräften erschlossen werden können. Es ist sowohl für alle sozialpädagogischen Erstausbildungsgänge als auch für den Unterricht in der FS Sozialpädagogik geeignet.

- Für nahezu jedes Thema in der Betreuung von Kindern unter 3 Jahren kann eine passende Praxisverknüpfung konstruiert werden (s. Übersichtstabelle der Kinder, S. 14/15).
- Die Lehrkraft kann anhand der Kinder und pädagogischen Fachkräfte eigene Aufgabenstellungen erarbeiten, die genau zu den eigenen Unterrichtsinhalten passen. Für eine größere Zeitersparnis können Zusatzkartensets mit fertig ausgearbeiteten Aufgabenstellungen für verschiedene Themenbereiche (s. S. 12/13) erworben werden.
- Alle Materialien der Kartensets sind frei miteinander kombinierbar.
- Das Kartenset ist unabhängig von einem eingeführten Lehrwerk verwendbar.
- Durch den Kauf einer digitalen Version über das digitale Bücherregal „HT digital" ist es Lehrkräften möglich, den Lernenden die Karten als digitale Version zugänglich zu machen.

Die Materialien lassen sich als Ergänzung des Kartensets „*Die Pfützenhüpfer*" (Bestell-Nr. 4772) nutzen. Die *Wasserpatscher* sind eine Krippengruppe der dort dargestellten fiktiven Einrichtung *Regenbogenland*. Die Räumlichkeiten sind eine Ergänzung und skizzieren einen weiteren Gebäudeabschnitt.

Die hellblau umrandeten Kinderkarten signalisieren, welche Kinder im nächsten Kindergartenjahr von der Krippengruppe *Wasserpatscher* zur Elementargruppe *Pfützenhüpfer* wechseln werden (im Farbleitsystem von Hellblau zu Dunkelblau). Die Beschreibung der Einrichtungsumgebung der *Wasserpatscher* entspricht weitestgehend der Einrichtungsbeschreibung für die Kleinstadt aus dem Grundkartenset „*Die Pfützenhüpfer*".

Inhaltsübersicht Grundkartenset *Wasserpatscher*

Das Grundkartenset ermöglicht es, die Theorie aus den Unterrichtsinhalten in praxisnahe Handlungssituationen umzusetzen.

Das Grundkartenset besteht aus:

16 hochwertigen A4-Karten aus festem Karton:

- 11 Kinderbeschreibungen
- 3 Erzieher- bzw. Mitarbeiterbeschreibungen
- 2 Karten zum Setting der Krippengruppe in der Kindertagesstätte *Regenbogenland* und dem Setting der Tagespflegestelle

Dazu drei Poster:

- 1 Poster der gesamten Gruppe
- 1 Poster des Gruppenraums, eingerichtet
- 1 Poster des Gruppenraums ohne Einrichtungsgegenstände

Kinder-Karten

Jedes der 11 Kinder ist bereits eine einzigartige, kleine Persönlichkeit und entsprechend individuell formuliert. Jedes des Kinder bringt zudem eigene Entwicklungsaufgaben und Herausforderungen, aber auch individuelle Stärken und Ressourcen mit.

Beispiel für eine der 11 Kinder-Karten der *Wasserpatscher*

(Vorderseite Paul, Abbildung verkleinert)

Farbleitsystem für die Altersstufen der Kinder

Die Kinder werden durch eine individuelle Zeichnung auf der Kartenvorderseite für die Nutzer greifbarer.

Name und Alter (angegeben in Jahren; Monaten)

Farbleitsystem:

Die Säuglinge	Die 1- bis 2-Jährigen	Die 2- bis 3-Jährigen
Dunkelrot	**Orange**	**Hellblau**

Auf der Kartenrückseite erhalten die Nutzer alle bedeutenden Informationen zum Kind:

Paul (2;8 Jahre)

Nationalität: deutsch

Geschwister: keine

Eltern: Pauls Mutter Luisa war 17 Jahre alt, als Paul geboren wurde. Sie lebte zum damaligen Zeitpunkt noch zu Hause, erhielt dort aber keine Unterstützung. Mithilfe des Jugendamts war es ihr möglich, eine eigene kleine Wohnung zu beziehen und durch ein Unterstützungsprogramm für junge Eltern war Luisa gut in der Lage, ihre Lebenssituation neu zu gestalten. In dem Mehrgenerationenwohnprojekt leben viele junge Eltern, aber auch ältere Menschen, die sich gegenseitig unterstützen, sodass Luisa sich derzeit richtig wohl fühlt. Als Paul 10 Monate alt war, begann Luisa ihre schulische Ausbildung zur Kinderpflegerin, die sie nun bald erfolgreich abschließen wird.

Sprachen: Deutsch

Paul: Zurzeit möchte Paul alles allein machen. Wenn Carina Stenzel ihm z. B. beim Anziehen der Schuhe helfen möchte, wird er wütend und ruft vehement: „Will alleine!" Auch beim An- und Ausziehen anderer Kleidungsstücke will er selbstständig sein. Sogar sein Lieblingsteddy wird von ihm regelmäßig an- und ausgezogen. Dabei gelingt es Paul mit großem Geschick, Klettverschlüsse zu öffnen oder auch den Reißverschluss hochzuziehen. Vor Kurzem hat er das Knopfloch für sich entdeckt und nun steckt er mehrfach seinen Finger hindurch.

Paul ist sehr am Spiel der älteren Kinder interessiert. Er schaut sich gerne um und versucht in Erfahrung zu bringen, was oder womit die anderen Kinder gerade spielen. Dann springt er herbei und versucht unvermittelt mitzumischen. Dabei schätzt er die Spielsituationen der älteren Kinder oft falsch ein, sodass es zu Unstimmigkeiten mit den anderen Kindern kommt. Die Erzieher merken es häufig daran, dass eines der Kinder „nein, Paul" ruft und es Rangeleien gibt, weil die Älteren bemüht sind, Paul aus der Spielsituation herauszuhalten. Paul ist dann aber ganz hartnäckig und lässt sich ungern abweisen. Meistens begleitet Maryam dann das weitere Geschehen, um zu prüfen, wie die Bedürfnisse der Kinder im weiteren Verlauf bestmöglich Berücksichtigung finden können.

Seit dem letzten Zoobesuch mit seiner Mutter gibt es für Paul kaum ein spannenderes Thema als Tiere. Vor allem von den Tigern ist er begeistert. Ständig fragt er Malte, ob er mit ihm Tiger spielen kann oder er schleicht wie eine Raubkatze durch den Gruppenraum, faucht andere Kinder an und schlägt mit seiner Tigerpranke nach den größeren Kindern, wenn diese ihn wieder nicht mitspielen lassen möchten.

10/16

© Verlag Handwerk und Technik, Hamburg – www.handwerk-technik.de – Best.-Nr.: 4730

(Rückseite Paul, Abbildung verkleinert)

Nationalität und Sprachkenntnisse

Informationen zur Lebenswelt des Kindes: Familie, Geschwister, Wohnumgebung

Informationen zu Vorlieben, bevorzugten Spielen, Herausforderungen, Besonderheiten und Entwicklungsschritten des Kindes

Karten der pädagogischen Fachkräfte

Das pädagogische Team der *Wasserpatscher* besteht aus:

- Carina Stenzel (Erzieherin/Tagespflegeperson)
- Malte (Erzieher)
- Maryam (Anerkennungspraktikantin)

Bei Bedarf kann die Einrichtungsleitung Hamide aus dem Grundkartenset *„Die Pfützenhüpfer"* (Bestell-Nr. 4772) als Leitungsperson ergänzend eingesetzt werden.

Die Persona Carina Stenzel kann auf zweierlei Art eingesetzt werden: Einmal als ausgebildete Erzieherin und angestellte Gruppenleiterin in der Kita *Regenbogenland*. Zum anderen kann Carina Stenzel auf ihrem Weg in die Kindertagespflege begleitet werden.

Alle pädagogischen Mitarbeitenden verfügen über unterschiedliche Kompetenzen, Einstellungen und Wertvorstellungen. So soll für das Unterrichtsgeschehen ein möglichst breites Spektrum an Anknüpfungspunkten zur Reflexion und Ausbildung der eigenen pädagogischen Persönlichkeit gegeben werden.

Beispiel für eine Mitarbeiter-Karte

Die Visualisierung ermöglicht eine deutlichere Vorstellung von der jeweiligen Fachkraft.

Die Fachkräfte erhalten im Farbleitsystem die Farbe Grau.

Name und Profession

(Vorderseite Carina Stenzel, Abbildung verkleinert)

Auf der Kartenrückseite wird jede einzelne Fachkraft individuell vorgestellt:

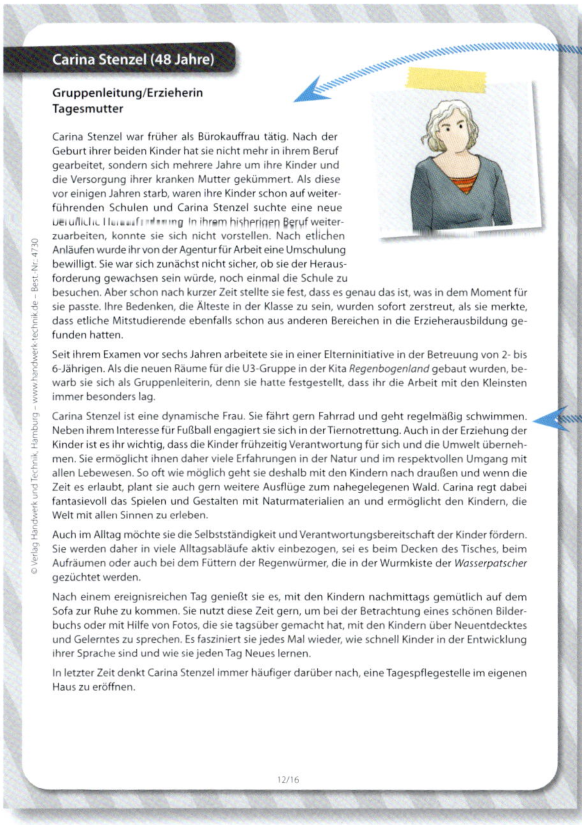

Carina Stenzel (48 Jahre)

Gruppenleitung/Erzieherin
Tagesmutter

Carina Stenzel war früher als Bürokauffrau tätig. Nach der Geburt ihrer beiden Kinder hat sie nicht mehr in ihrem Beruf gearbeitet, sondern sich mehrere Jahre um ihre Kinder und die Versorgung ihrer kranken Mutter gekümmert. Als diese vor einigen Jahren starb, waren ihre Kinder schon auf weiterführenden Schulen und Carina Stenzel suchte eine neue berufliche Herausforderung. In ihrem bisherigen Beruf weiterzuarbeiten, konnte sie sich nicht vorstellen. Nach etlichen Anläufen wurde ihr von der Agentur für Arbeit eine Umschulung bewilligt. Sie war sich zunächst nicht sicher, ob sie der Herausforderung gewachsen sein würde, noch einmal die Schule zu besuchen. Aber schon nach kurzer Zeit stellte sie fest, dass es genau das ist, was in dem Moment für sie passte. Ihre Bedenken, die Älteste in der Klasse zu sein, wurden sofort zerstreut, als sie merkte, dass etliche Mitstudierende ebenfalls schon aus anderen Bereichen in die Erzieherausbildung gefunden hatten.

Seit ihrem Examen vor sechs Jahren arbeitete sie in einer Elterninitiative in der Betreuung von 2- bis 6-Jährigen. Als die neuen Räume für die U3-Gruppe in der Kita *Regenbogenland* gebaut wurden, bewarb sie sich als Gruppenleiterin, denn sie hatte festgestellt, dass ihr die Arbeit mit den Kleinsten immer besonders lag.

Carina Stenzel ist eine dynamische Frau. Sie fährt gern Fahrrad und geht regelmäßig schwimmen. Neben ihrem Interesse für Fußball engagiert sie sich in der Tiernotrettung. Auch in der Erziehung der Kinder ist es ihr wichtig, dass die Kinder frühzeitig Verantwortung für sich und die Umwelt übernehmen. Sie ermöglicht ihnen daher viele Erfahrungen in der Natur und im respektvollen Umgang mit allen Lebewesen. So oft wie möglich geht sie deshalb mit den Kindern nach draußen und wenn die Zeit es erlaubt, plant sie auch gern weitere Ausflüge zum nahegelegenen Wald. Carina regt dabei fantasievoll das Spielen und Gestalten mit Naturmaterialien an und ermöglicht den Kindern, die Welt mit allen Sinnen zu erleben.

Auch im Alltag möchte sie die Selbstständigkeit und Verantwortungsbereitschaft der Kinder fördern. Sie werden daher in viele Alltagsabläufe aktiv einbezogen, sei es beim Decken des Tisches, beim Aufräumen oder auch bei dem Füttern der Regenwürmer, die in der Wurmkiste der *Wasserpatscher* gezüchtet werden.

Nach einem ereignisreichen Tag genießt sie es, mit den Kindern nachmittags gemütlich auf dem Sofa zur Ruhe zu kommen. Sie nutzt diese Zeit gern, um bei der Betrachtung eines schönen Bilderbuchs oder mit Hilfe von Fotos, die sie tagsüber gemacht hat, mit den Kindern über Neuentdecktes und Gelerntes zu sprechen. Es fasziniert sie jedes Mal wieder, wie schnell Kinder in der Entwicklung ihrer Sprache sind und wie sie jeden Tag Neues lernen.

In letzter Zeit denkt Carina Stenzel immer häufiger darüber nach, eine Tagespflegestelle im eigenen Haus zu eröffnen.

12/16

beruflicher Werdegang, Dienstjahre, persönliche Lebenssituation

Charaktereigenschaften, Interessen, pädagogische Einstellungen, Vorlieben und Abneigungen bezüglich der Tätigkeiten im Arbeitsalltag

(Rückseite Carina Stenzel, Abbildung verkleinert)

Poster der *Wasserpatscher*

(Poster Gesamtgruppe *Wasserpatscher*, Abbildung verkleinert)

Dient der Visualisierung im Klassenraum oder Lernatelier.

Einrichtungsbeschreibung Krippe

Das Kartenset „*Die Wasserpatscher*" ermöglicht es, zwischen zwei Arbeitsfeldern in der U3-Betreuung auszuwählen: Krippengruppe und Kindertagespflege.

Zum einen gibt es die Einrichtungsbeschreibung der *Wasserpatscher* als Krippengruppe der Kita *Regenbogenland*. Diese Einrichtung entspricht der fiktiven Kita *Regenbogenland* aus dem Kartenset „*Die Pfützenhüpfer*" (Bestell-Nr. 4772) und ist in einer Kleinstadt angesiedelt. Die Krippengruppe wurde nachträglich angebaut und deckt den Betreuungsbedarf der U3-Kinder ab.

Die Darstellung der Räume ist so gewählt worden, dass das Poster der *Pfützenhüpfer*-Räume und das der *Wasserpatscher*-Räume einander ergänzend angeleget werden können. Das *Regenbogenland* ist somit mit zwei Gruppen gleichzeitig nutzbar.

Dieses besondere Setting ermöglicht es, mit den Lerngruppen lebensnahe Situationen zum Thema Teamarbeit sowie zum Thema Transitionen von Kindern innerhalb der Einrichtung zu erarbeiten.

Der eingerichtete Gruppenraum dieses Krippen-Settings liegt dem Kartenset als Poster bei. Außerdem ist der Grundriss auch einmal leer zu finden, woraus sich Aufgabenstellungen zu alternativen Einrichtungskonzepten entwickeln lassen.

Visualisierung des Gebäudes

(Vorderseite *Einrichtungsbeschreibung Kleinstadt*, Abbildung verkleinert)

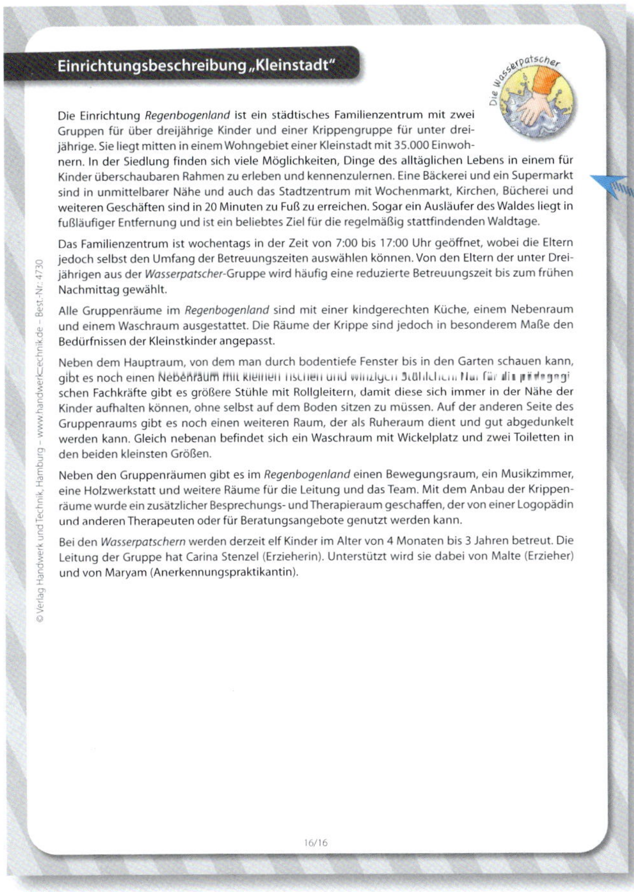

Einrichtungsbeschreibung „Kleinstadt"

Die Wasserpatscher

Die Einrichtung *Regenbogenland* ist ein städtisches Familienzentrum mit zwei Gruppen für über dreijährige Kinder und einer Krippengruppe für unter dreijährige. Sie liegt mitten in einem Wohngebiet einer Kleinstadt mit 35.000 Einwohnern. In der Siedlung finden sich viele Möglichkeiten, Dinge des alltäglichen Lebens in einem für Kinder überschaubaren Rahmen zu erleben und kennenzulernen. Eine Bäckerei und ein Supermarkt sind in unmittelbarer Nähe und auch das Stadtzentrum mit Wochenmarkt, Kirchen, Bücherei und weiteren Geschäften sind in 20 Minuten zu Fuß zu erreichen. Sogar ein Ausläufer des Waldes liegt in fußläufiger Entfernung und ist ein beliebtes Ziel für die regelmäßig stattfindenden Waldtage.

Das Familienzentrum ist wochentags in der Zeit von 7:00 bis 17:00 Uhr geöffnet, wobei die Eltern jedoch selbst den Umfang der Betreuungszeiten auswählen können. Von den Eltern der unter Dreijährigen aus der *Wasserpatscher*-Gruppe wird häufig eine reduzierte Betreuungszeit bis zum frühen Nachmittag gewählt.

Alle Gruppenräume im *Regenbogenland* sind mit einer kindgerechten Küche, einem Nebenraum und einem Waschraum ausgestattet. Die Räume der Krippe sind jedoch in besonderem Maße den Bedürfnissen der Kleinstkinder angepasst.

Neben dem Hauptraum, von dem man durch bodentiefe Fenster bis in den Garten schauen kann, gibt es noch einen Nebenraum mit kleinen Tischen und winzigen Stühlchen. Nur für die pädagogischen Fachkräfte gibt es größere Stühle mit Rollgleitern, damit diese sich immer in der Nähe der Kinder aufhalten können, ohne selbst auf dem Boden sitzen zu müssen. Auf der anderen Seite des Gruppenraums gibt es noch einen weiteren Raum, der als Ruheraum dient und gut abgedunkelt werden kann. Gleich nebenan befindet sich ein Waschraum mit Wickelplatz und zwei Toiletten in den beiden kleinsten Größen.

Neben den Gruppenräumen gibt es im *Regenbogenland* einen Bewegungsraum, ein Musikzimmer, eine Holzwerkstatt und weitere Räume für die Leitung und das Team. Mit dem Anbau der Krippenräume wurde ein zusätzlicher Besprechungs- und Therapieraum geschaffen, der von einer Logopädin und anderen Therapeuten oder für Beratungsangebote genutzt werden kann.

Bei den *Wasserpatschern* werden derzeit elf Kinder im Alter von 4 Monaten bis 3 Jahren betreut. Die Leitung der Gruppe hat Carina Stenzel (Erzieherin). Unterstützt wird sie dabei von Malte (Erzieher) und von Maryam (Anerkennungspraktikantin).

16/16

Details zur Einrichtung: Lage und Kooperationen im Sozialraum, Öffnungszeiten, räumliche Gegebenheiten und Ausstattung, Besonderheiten

(Rückseite *Einrichtungsbeschreibung Kleinstadt*, Abbildung verkleinert)

Poster der Einrichtung

(Poster Gruppenraum, eingerichtet, Abbildung verkleinert)

Dient der Visualisierung im Klassenraum oder Lernatelier.

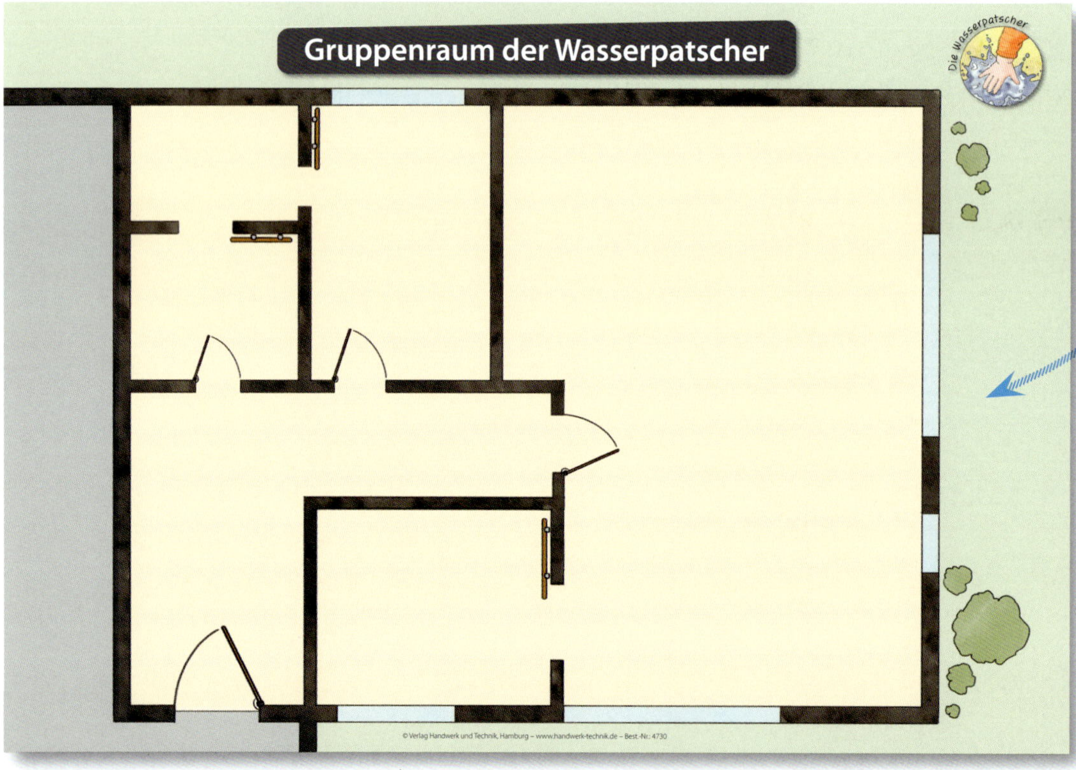

(Poster Gruppenraum, leer, Abbildung verkleinert)

Tagespflegestelle

Als besonderes Feature können die Karten auch für das Arbeitsfeld der Kindertagespflege genutzt werden. Hierfür gibt es eine gesonderte Beschreibung der Räumlichkeiten.

Die sozialräumlich-strukturellen Bedingungen sind jeweils identisch, da sich die Tagespflege in unmittelbarer Umgebung der Kita *Regenbogenland* befindet.

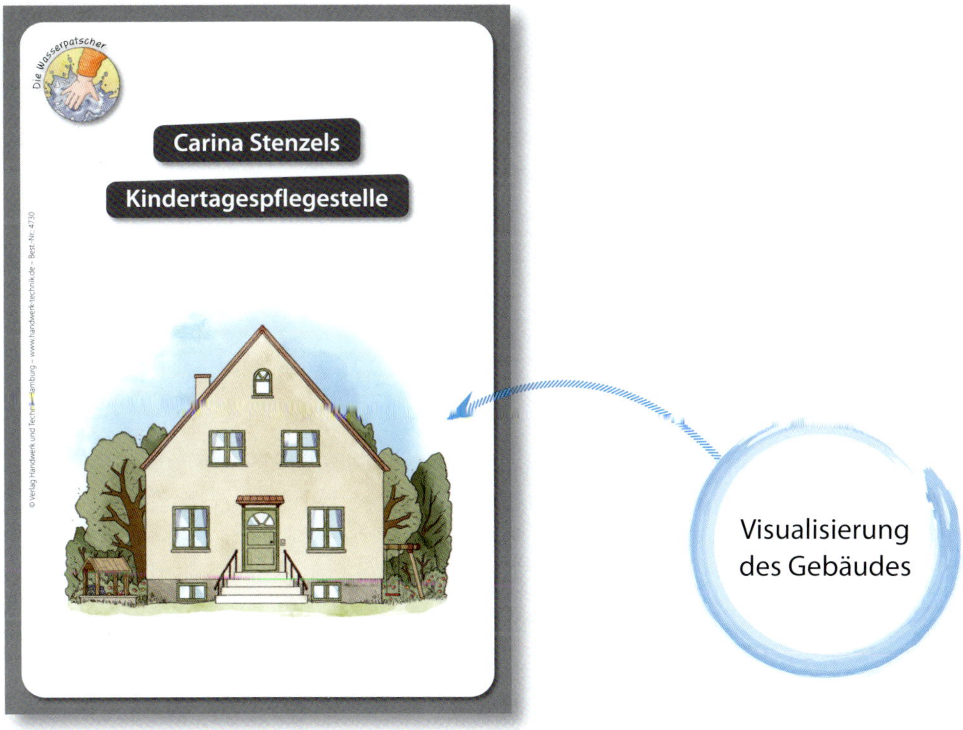

(Vorderseite *Carina Stenzels Kindertagespflegestelle*, Abbildung verkleinert)

Carina Stenzels Kindertagespflegestelle

Die Wasserpatscher

Carina Stenzel hat sich dazu entschlossen, eine Kindertagespflegestelle zu eröffnen. Dafür muss sie zu Beginn mehrere Räume im Erdgeschoss ihres Hauses für die Betreuung von Kleinkindern umgestalten. Es gibt einen großen Raum, den sie mit kindgerechten Stühlen und Tischen ausstatten möchte, an denen gespielt oder gegessen werden kann. In einer Ecke des Raums stellt sie sich ein Sofa mit einem flauschigen Teppich vor. Dieser Bereich könnte gut durch einen niedrigen Bücherkasten abgetrennt oder eingerahmt werden, sodass er zu gemütlichen Bilderbuchbetrachtungen einlädt. Außerdem sollen in dem größeren Raum viele Materialien zugänglich sein, die für die Entwicklung der Kinder gut geeignet sind.

Angrenzend zum Hauptraum befindet sich ein kleinerer ruhig gelegener Nebenraum, in dem Schlafplätze für die Mittagsruhe bereitstehen können. Eine große Küche und ein kleines Gästebad sind über den Flur im Erdgeschoss erreichbar. Diese beiden Räume müssen nun auch auf die Bedürfnisse der Kleinstkinder angepasst werden.

Die weiteren Privaträume von Familie Stenzel befinden sich in der oberen Etage. Da der große Raum im Erdgeschoss bald für die Kinderbetreuung genutzt wird, hat sich die Familie darauf geeinigt, das Kinderzimmer von Tim Stenzel, der vor Kurzem ausgezogen ist, als Wohnzimmer einzurichten. Aber bis alles fertig ist, gibt es noch viel zu tun.

Das Haus von Familie Stenzel befindet sich in einer schönen Wohnlage am Rande einer Kleinstadt direkt am Waldrand. Der Garten wird unterteilt in einen für Kinder zugänglichen Bereich und einen privaten Bereich. Über eine Terrassentür im Hauptraum gelangen die Kinder zukünftig direkt nach draußen. Auf dem angrenzenden Rasen gibt es bereits einen Sandkasten mit Spielhäuschen. Besonders begeistert werden die Kinder sicherlich von den Hühnern „Berta", „Minna" und „Lisbeth" sein, die ihren Stall in der Nähe des Hauses haben.

In der Siedlung finden sich viele Möglichkeiten, Dinge des alltäglichen Lebens in einem für Kinder überschaubaren Rahmen zu erleben und Abläufe zu erlernen. Eine Bäckerei und ein Supermarkt sind in unmittelbarer Nähe und auch das Stadtzentrum mit Wochenmarkt, Kirchen, Bücherei und weiteren Geschäften ist in 15 Minuten mit dem „Kinderbulli" zu erreichen.

In der Tagespflegestelle von Carina Stenzel sollen schon bald bis zu fünf Kinder gleichzeitig betreut werden. Die Kinder sind in der Regel ein bis zwei Jahre alt, wenn sie bei Carina Stenzel aufgenommen werden und wechseln nach dem dritten Geburtstag voraussichtlich in die nahegelegene Kita *Regenbogenland*. Carina Stenzel hat frühzeitig eine Kooperation mit der Einrichtung angestrebt. So darf sie beispielsweise den Bewegungsraum des *Regenbogenlands* einmal in der Woche mit den Kindern nutzen. Auch sonst möchte sie oft mit den Kindern zu Besuch ins *Regenbogenland* gehen, damit diesen der spätere Wechsel in die Einrichtung nicht so schwerfällt.

Carina Stenzel steht derzeit schon in engem Kontakt mit Frau Müller, der Fachberaterin des Jugendamts für Kindertagespflege, die sie bei allen Vorbereitungen und der Zertifizierung unterstützt. Künftig lädt Frau Müller auch zu Austauschgesprächen mit anderen Tagesmüttern und -vätern ein. Auch an Fortbildungen für Tagespflegepersonen wird Carina Stenzel regelmäßig teilnehmen, weil ihr eine hohe Qualität in Betreuung und Bildung der ihr anvertrauten Kinder wichtig ist.

Da sie selbst gerne in der Natur ist und Bewegung liebt, nehmen diese Aspekte auch in ihrer Konzeption einen zentralen Platz ein. Nun sucht sie noch einen passenden Namen für ihre Tagespflegestelle. Ob sie vielleicht „KiKa" heißen sollte, als Abkürzung für „Kinder-Kate" oder „KiCa" für „Kindertagespflegestelle-Carina"? Eigentlich gefällt ihr auch „Purzelbaum" als Name ganz gut, da die Kinder bei ihr so lange betreut werden, bis sie einen solchen hinbekommen. Aber da wird ihr sicherlich noch eine passende Idee einfallen!

(Rückseite *Carina Stenzels Kindertagespflegestelle*, Abbildung verkleinert)

Informationen zu den Zusatzkartensets

Zusätzlich zum Grundkartenset sind derzeit zwei Zusatzkartensets erhältlich:

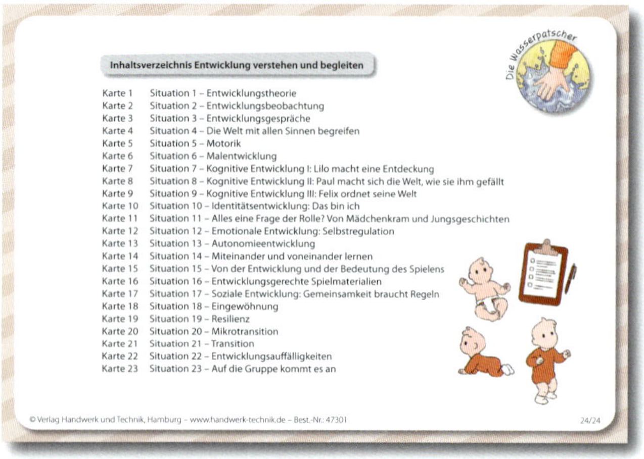
Inhaltsverzeichnis Entwicklung verstehen und begleiten

Karte 1 Situation 1 – Entwicklungstheorie
Karte 2 Situation 2 – Entwicklungsbeobachtung
Karte 3 Situation 3 – Entwicklungsgespräche
Karte 4 Situation 4 – Die Welt mit allen Sinnen begreifen
Karte 5 Situation 5 – Motorik
Karte 6 Situation 6 – Malentwicklung
Karte 7 Situation 7 – Kognitive Entwicklung I: Lilo macht eine Entdeckung
Karte 8 Situation 8 – Kognitive Entwicklung II: Paul macht sich die Welt, wie sie ihm gefällt
Karte 9 Situation 9 – Kognitive Entwicklung III: Felix ordnet seine Welt
Karte 10 Situation 10 – Identitätsentwicklung: Das bin ich
Karte 11 Situation 11 – Alles eine Frage der Rolle? Von Mädchenkram und Jungsgeschichten
Karte 12 Situation 12 – Emotionale Entwicklung: Selbstregulation
Karte 13 Situation 13 – Autonomieentwicklung
Karte 14 Situation 14 – Miteinander und voneinander lernen
Karte 15 Situation 15 – Von der Entwicklung und der Bedeutung des Spielens
Karte 16 Situation 16 – Entwicklungsgerechte Spielmaterialien
Karte 17 Situation 17 – Soziale Entwicklung: Gemeinsamkeit braucht Regeln
Karte 18 Situation 18 – Eingewöhnung
Karte 19 Situation 19 – Resilienz
Karte 20 Situation 20 – Mikrotransition
Karte 21 Situation 21 – Transition
Karte 22 Situation 22 – Entwicklungsauffälligkeiten
Karte 23 Situation 23 – Auf die Gruppe kommt es an

© Verlag Handwerk und Technik, Hamburg – www.handwerk-technik.de – Best.-Nr.: 47301 24/24

Bestell-Nr. 47301

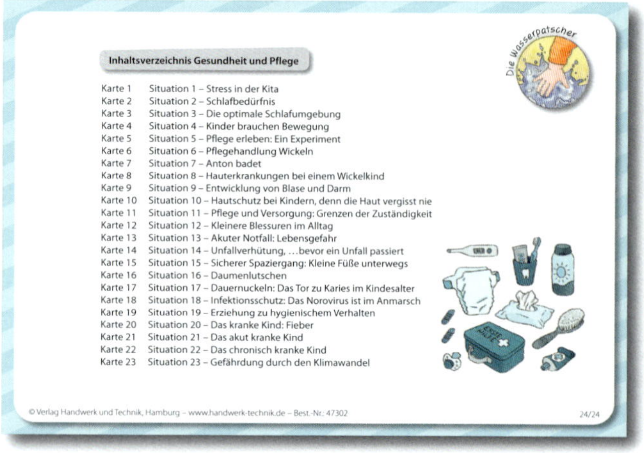
Inhaltsverzeichnis Gesundheit und Pflege

Karte 1 Situation 1 – Stress in der Kita
Karte 2 Situation 2 – Schlafbedürfnis
Karte 3 Situation 3 – Die optimale Schlafumgebung
Karte 4 Situation 4 – Kinder brauchen Bewegung
Karte 5 Situation 5 – Pflege erleben: Ein Experiment
Karte 6 Situation 6 – Pflegehandlung Wickeln
Karte 7 Situation 7 – Anton badet
Karte 8 Situation 8 – Hauterkrankungen bei einem Wickelkind
Karte 9 Situation 9 – Entwicklung von Blase und Darm
Karte 10 Situation 10 – Hautschutz bei Kindern, denn die Haut vergisst nie
Karte 11 Situation 11 – Pflege und Versorgung: Grenzen der Zuständigkeit
Karte 12 Situation 12 – Kleinere Blessuren im Alltag
Karte 13 Situation 13 – Akuter Notfall: Lebensgefahr
Karte 14 Situation 14 – Unfallverhütung, …bevor ein Unfall passiert
Karte 15 Situation 15 – Sicherer Spaziergang: Kleine Füße unterwegs
Karte 16 Situation 16 – Daumenlutschen
Karte 17 Situation 17 – Dauernuckeln: Das Tor zu Karies im Kindesalter
Karte 18 Situation 18 – Infektionsschutz: Das Norovirus ist im Anmarsch
Karte 19 Situation 19 – Erziehung zu hygienischem Verhalten
Karte 20 Situation 20 – Das kranke Kind: Fieber
Karte 21 Situation 21 – Das akut kranke Kind
Karte 22 Situation 22 – Das chronisch kranke Kind
Karte 23 Situation 23 – Gefährdung durch den Klimawandel

© Verlag Handwerk und Technik, Hamburg – www.handwerk-technik.de – Best.-Nr.: 47302 24/24

Bestell-Nr. 47302

Weitere Zusatzkartensets sind in Planung. Diese behandeln z. B. die Themenfelder Ernährung, Bildungsangebote, Sprache und Kommunikation sowie Arbeitsorganisation und Recht.

Jedes Set besteht aus 24 hochwertigen A5-Karten aus festem Karton. Auf 23 Karten sind Praxissituationen und passende Arbeitsaufgaben zur Gruppe oder zum Mitarbeiter-Team der *Wasserpatscher* enthalten.

Mithilfe der Zusatzkartensets

- kann eine effektive und schnelle Vorbereitung des Unterrichts erfolgen.
- wählen Lehrende nur die Themenfelder aus, die für den eigenen Unterricht bedeutsam sind.
- können Prüfungen vorbereitet und Leistungsnachweise erstellt werden.
- wird eine große Bandbreite des jeweiligen Themenfelds abgedeckt.
- werden aktuelle Themen des pädagogischen Alltags in der Betreuung von Kindern unter 3 Jahren aufgegriffen.
- gelingt den Lernenden ein Transfer von erlernter Theorie hin zur praktischen Anwendung - und dies mit einem ganzheitlichen Blick auf pädagogische Situationen.
- erweitern Lernende ihre pädagogischen Handlungsstrategien für berufsrelevante Situationen.

Die Zusatzkartensets sind einzeln zu erwerben, jedoch nur in Kombination mit dem Grundkartenset verwendbar.

Beispiele aus den Zusatzkartensets *Entwicklung* und *Gesundheit und Pflege*

Jedes Set hat eine thematisch passend gestaltete Visualisierungshilfe

Entwicklung verstehen und begleiten – Karte 13

Situation 13 – Autonomieentwicklung

Es ist später Vormittag. Die Sonne scheint. Die Erzieher haben beschlossen, mit den Kindern nach draußen zu gehen, um die ersten Frühlingsstrahlen einzufangen. Fast alle Kinder sind schon fertig angezogen und drängen zur Tür.

Plötzlich gibt es einen Stau. Paul versperrt den Ausgang: Einer seiner neuen Schuhe steckt am falschen Fuß, den zweiten hat er in der Hand, ein Arm steckt im Jackenärmel, der Rest hängt herunter. Seine Matschhose schlottert ihm mit den losen Trägern um die Knie herum. Maryam bietet ihm Hilfe an, aber Paul schmeißt sich nur wütend auf den Boden und den zweiten Schuh an die Wand. Er strampelt und wirft seine Arme so wild um sich, dass er andere Kinder zu verletzten droht. Verzweifelt schreit er: „Will alleine machen!" Dabei fängt er an zu weinen.

© Verlag Handwerk und Technik, Hamburg – www.handwerk-technik.de – Best.-Nr.: 47301 13/24

(Vorderseite aus Zusatzkartenset *Entwicklung*, Abbildung verkleinert)

Gesundheit und Pflege – Karte 20

Situation 20 – Das kranke Kind: Fieber

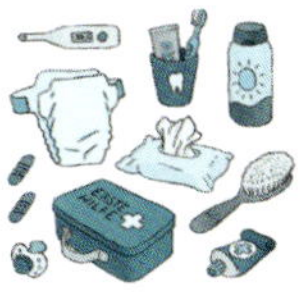

Lotta hatte heute keinen guten Start in den Tag: Schon beim Ankommen wirkte sie antriebslos und müde. Carina Stenzel hatte zunächst den Verdacht, dass das Mädchen nachts wieder die Streitereien ihrer Eltern mitbekommen musste und deshalb unausgeschlafen ist.

Normalerweise fängt Lotta sich dann aber im Laufe des Vormittags und lässt sich von Johannes und den anderen Kindern zum fröhlichen Spiel mitreißen. Aber heute hat sogar Johannes keine Chance, mit seinen tollen Spielideen zu ihr durchzudringen. Als er sie fragt, ob sie wieder zusammen auf der Matratze hüpfen wollen, schüttelt Lotta nur kurz den Kopf. Ohne sich weiter um Johannes zu kümmern, rollt sie sich in der Kuschelecke mit ihrem Lieblingskissen ein. Von dort aus sieht sie den anderen beim Spielen zu.

Als die Frühstückszeit beginnt, kommt Lotta an den Tisch. Sie bewegt sich langsam und stützt ihren Kopf auf den Armen ab. Essen mag sie nach zwei Happen nichts mehr.

„Was ist denn los mit dir, Lotta?", fragt Carina Stenzel. Lotta schaut die Erzieherin mit glasigen Augen an. Ihre Wangen sind gerötet. „Na, komm mal her", Carina Stenzel nimmt das Mädchen auf den Arm. „Wir zwei schauen mal, ob du Fieber hast."

Tatsächlich zeigt das Infrarot-Thermometer wenige Zeit später eine Temperatur von 38,5 °C an.

© Verlag Handwerk und Technik, Hamburg – www.handwerk-technik.de – Best.-Nr.: 47302 20/24

(Vorderseite aus Zusatzkartenset *Gesundheit und Pflege*, Abbildung verkleinert)

Schilderung einer Praxissituation mit einem oder mehreren Kindern der *Wasserpatscher*

Aufgaben zu Situation 20:

1. Benennen Sie Auffälligkeiten an Lotta und ihrem Verhalten, die für eine Erkrankung sprechen.
2. Recherchieren Sie normative Grenzwerte der menschlichen Körpertemperatur. Beurteilen Sie Lottas Messwert vor diesem Hintergrund.
3. Erläutern Sie, wie sich Carina Stenzel in dieser Situation auf organisatorischer Ebene professionell verhalten sollte. Berücksichtigen Sie hierbei die Vorgaben des Infektionsschutzgesetzes.
4. Machen Sie konkrete Vorschläge, wie Maryam die Zeit mit der fiebernden Lotta bis zu Ihrer Abholung gestalten kann. Gehen Sie hierbei insbesondere auf wichtige organisatorische und pflegerische Maßnahmen ein.

Benötigte Karten: Lotta, Carina Stenzel und Maryam

© Verlag Handwerk und Technik, Hamburg – www.handwerk-technik.de – Best.-Nr.: 47302 20/24

Dazu passend werden mehrere Aufgaben oder Arbeitsaufträge gestellt.

(Rückseite aus Zusatzkartenset *Gesundheit und Pflege*, Abbildung verkleinert)

Übersichtstabelle Kinder

Die folgende Tabelle liefert einen Überblick, welche Kinder zu welchen Unterrichtsinhalten besonders gut kombiniert werden können.

KIND UND ALTER	BEISPIELHAFTE RESSOURCEN	BESONDERHEITEN/AUFFÄLLIGKEITEN
	Säuglinge und Krabbelkinder	
Anton 0;4 Jahre	Aufmerksamkeit, Interesse an seiner Umgebung und an Personen, Freude an Ansprache, kann sich schon aus der Bauchlage auf den Rücken drehen, kann bereits nach Dingen greifen, enge Bindung an die Mutter	Unregelmäßiger Schlafrhythmus, unregelmäßige Verdauung, familiäre Situation
Lilo 0;9 Jahre	Gute Bindung zur Großmutter, bewegt sich robbend, ein fröhliches Kind	Postpartale Depression der Mutter, Eingewöhnung, Umstellung auf Beikost, steckt alles in den Mund, sehr heller Hauttyp
	Die ein- bis zweijährigen Kinder	
Solera 1;3 Jahre	Bewegungsfreude, Entdeckungsfreude, Ausdauer, Konzentration, Fein- und Grobmotorik, kann in jeder Situation einschlafen, wenn sie Schlaf braucht	Zwei Väter, wird geschlechtsneutral erzogen, vegane Ernährung im Elternhaus
Nana Ebo 1;6 Jahre	Neugierde, Lebhaftigkeit, Bewegungsfreudigkeit, Entdeckungs- und Experimentierfreude	Lernprozess Zweit- bzw. Drittsprache, Teilen und Maßhalten
Melina 1; 10 Jahre	Fröhlichkeit, Aufgeschlossenheit, probiert Vieles aus	Risikoschwangerschaft, problematische Geburt, familiäre Situatior Risikofreude, impulsives Verhalten, Aufmerksamkeit, Entwicklung (körperliche, motorische, sprachliche), Distanzlosigkeit
Carlo 2;3 Jahre	Problemlose Eingewöhnung, interessiert an allem Neuen, Freude an Bewegung, Sprache und Kontakten, aufmerksamer Beobachter, Bewegungsfreude, geschickter Umgang mit Messer und Gabel	Angstbesetzte Eltern, kann sein Engagement schlecht regulieren, agiert oft überbordend, darf keine Nüsse essen
	Die zwei- bis dreijährigen Kinder	
Konstanze 2;6 Jahre	Wortschatz und Grammatik, gesicherte und strukturierte Betreuungszeiten durch Au-pair-Mädchen	Lernprozess Zweitsprache, Artikulation, Desinteresse am Spiel anderer Kinder, Meidung von motorischen und sensorischen Herausforderungen, Meidung des Außengeländes, Rückzugstendenz in lauten oder stressgeladenen Situationen, nur noch seltener Mittagsschlaf
Paul 2;8 Jahre	Soziale Einbindung in einem Mehrgenerationenhaus, motorisch geschickt, Kontaktfreude	Junge Mutter in schulischer Ausbildung, Autonomieentwicklung
Johannes 2;10 Jahre	Anpassungsfähig, in sich ruhend, Konzentrationsfähigkeit, großer spezifischer Wortschatz, Freundlichkeit, Fürsorglichkeit, Bewegungsfreudigkeit	Betreuungswechsel in der Familie, Geburt einer kleinen Schweste Verhaltensänderung, trägt gerne Kleider
Felix 2;11 Jahre	Zweitsprache Französisch, Sortieren, Kategorien bilden, Fachwissen über Fahrzeuge, Durchhaltevermögen bei Interesse, enge Bindung zur Großmutter	Familiäre Situation, Erkrankung der Großmutter (enge Bindung), wenig Präsenz der Eltern, Kommunikation, keine Einbindung in da Gruppengeschehen, spielt allein, Übergewicht, einseitige Ernährung, Dauernuckeln an der Milch- und Saftflasche, zeigt noch kein Interesse an Toilette und Töpfchen, kein Mittagsschlaf mehr
Lotta 3;2 Jahre	Temperamentvoll, Fröhlichkeit, Kreativität, Fantasie, Aufmerksamkeit, motorisches Geschick, Kommunikation, Durchsetzungsvermögen, Großeltern in der Nähe	Familiäre Situation, Streitigkeiten und finanzielle Probleme in der Familie, Wutausbrüche, verbale und körperliche Übergriffe, Sprachgebrauch, Risikobereitschaft
	Themen aller Kinder	
Alle Kinder der *Wasserpatscher*		

Diese Tabelle ermöglicht einen schnellen Überblick über die Kinder und macht Besonderheiten, Ressourcen, Interessen sowie Kontakte der einzelnen Kinder deutlich.

HEMEN	INTERESSEN	KONTAKTE (+/-)
Säuglinge und Krabbelkinder		
/ickeln, Schlaf von Kleinstkindern, Säuglingspflege, Säuglingsernährung		
inneswahrnehmung, Malentwicklung, Ursache-Wirkungszusammenhang rkennen, nonverbale Kommunikation, Eingewöhnung, Resilienz, Einführung ester Nahrung (Beikost), Sonnenschutz bei heller Haut, Krabbelalter, Unfallschutz, unktionsspiel	Sinnliche Wahrnehmung, interessiert an unterschiedlichen Lebensmitteln und Geschmacksrichtungen	Maryam
Die ein- bis zweijährigen Kinder		
egane Ernährung bei Kindern, Identitätsentwicklung, genderneutrale Erziehung, mgang mit Schlafbedürfnis bei Kleinkindern	Wasser, Matschen, interessiert an allen Nahrungsmitteln, interessiert am Spiel der älteren Kinder	
lalentwicklung, Mikrotransition, Mehrsprachigkeit, Teilen, Maßhalten beim Essen	Natur, Tiere, Malen, Farben	
ntwicklungsauffälligkeiten u. a. Verhaltensauffälligkeiten, Distanzlosigkeit, erzögerte Sprachentwicklung, Wahrnehmungsauffälligkeiten, Verdacht auf indeswohlgefährdung	Liebt kräftige Reize	Kinder meiden sie aufgrund des impulsiven Verhaltens
ewegungsfreude, Umgang mit Risiken, Überbehütung, Lebensmittelallergien, usscheidungsautonomie	Bauklötze und Holzeisenbahn, Interesse an Toilette und Töpfchen	Sucht Kontakt zu allen Kindern, bei allen beliebt
Die zwei- bis dreijährigen Kinder		
ückzugstendenz, Reiz- und Bewegungsvermeidung, Entfall des Mittagsschlafs, ndeutliche Artikulation, geringe Körperspannung, früher Zweitspracherwerb, mgang mit herausfordernden Situationen, Daumennuckeln, Selbstregulation	Sinneswahrnehmung, Malentwicklung, kognitive Entwicklung, soziale Entwicklung	Kaum Interesse an anderen Kindern, schaut mit Johannes Bücher an
indlicher Egozentrismus, Autonomieentwicklung sogenannte „Trotzphase", mgang mit kranken Kindern in der Kita, chronische Atemwegserkrankung sthma	Teddy, Tiere, Rollenspiele, in denen er Tiere (insbesondere den Tiger) nachahmt	Sucht Kontakt zu den älteren Kindern, wird aber häufig ausgegrenzt
ollenspiel, Eifersucht nach Familienerweiterung, Regression und Verhaltensveränderung	Baufahrzeuge, Werken, Hämmern, Bücher, Sortieren	Sucht Kontakt zu ruhigeren Kindern wie Konstanze und Felix; kann sich auch sich auch gut auf Lotta einstellen
ntwicklungsauffälligkeiten, Anzeichen einer Autismus-Spektrum-Störung, ückzugstendenz, eingeschränkte Kommunikationsfähigkeit, problematisches rnährungsverhalten, Karies, Übergewicht, verzögerte Ausscheidungsautonomie, indeswohl	Sortieren, Ordnen, Fahrzeuge, Bauecke	Vermeidet das Spiel mit anderen Kindern, Johannes wird im Parallelspiel geduldet
lentitätsentwicklung, Rollenspiel Rücksichtnahme, Gebrauch von Schimpfwörtern, onflikte im Elternhaus, Kindeswohl	Puppen und Puppenbuggy, Höhlen und Behausungen bauen, Klettern, Turnen, Sprachspiele	Johannes
Themen aller Kinder		
ntwicklung von Kindern und Entwicklungsförderung, z. B. motorische Entwicklung, Wahrnehmungsförderung, Malentwicklung, ozial-emotionale Entwicklung, Spielentwicklung u. a. Transition (Kinder mit blauer Umrandung) Grundlagen der Pflege und Versorgung on Kleinkindern, z. B. Schlafbedürfnis, Ernährung, Pflege Präventionsmaßnahmen, z. B. Hautschutz, Hygiene, Unfallverhütung Interentionsmaßnahmen, z. B. Erste Hilfe, Handeln in Gefährdungssituationen Grenzen der Zuständigkeit		

ISBN 978-3-582-26113-7 Best.-Nr. 4730

Verlag Handwerk und Technik GmbH,
Lademannbogen 135, 22339 Hamburg; Postfach 63 05 00, 22331 Hamburg – 2025
E-Mail: info@handwerk-technik.de – Internet: www.handwerk-technik.de

Nach einer Idee von: Böckmann, Grüner, Kalkhoff
Satz und Layout: Roman Bold & Black, 50672 Köln
Umschlagmotiv/Illustrationen: Illustrationsbüro Müller-Wegner, Hamburg
Druck: Mundschenk Druck + Medien GmbH & Co. KG, 06889 Lutherstadt Wittenberg

4730

Paul
Melina
Felix
Anton

rpatscher

Die Wasserpatscher

Die Wasserpatscher

Anton (0;4 Jahre)

Anton (0;4 Jahre)

Nationalität: deutsch

Geschwister: keine

Eltern: Antons Mutter, Lea (27 Jahre), arbeitet als Gesundheits- und Krankenpflegerin im städtischen Krankenhaus. Seit sie in Elternzeit ist, arbeitet sie nur drei halbe Tage pro Woche.
Von Antons Vater Gregor hat Lea sich bereits vor der Geburt des Jungen getrennt. Gregor möchte als Vater jedoch gerne einen engen Kontakt zu seinem Sohn, auch wenn er aus beruflichen Gründen nur selten vor Ort sein kann. Familienangehörige, die Lea bei der Betreuung von Anton unterstützen können, leben nicht in der Nähe. Carina Stenzel ist daher für sie eine wichtige Ansprechpartnerin in allen Fragen, die Anton betreffen – sei es zu Ernährung, Erziehung, Schlaf oder anderen Themen. Anton und seine Mutter haben eine sehr enge Bindung zueinander.

Sprachen: Deutsch

Anton: Anton ist ein sehr aufmerksames und fröhliches Baby, das jede Person, die mit ihm in Kontakt tritt, mit einem Lächeln belohnt. Wenn jemand den Raum betritt und spricht, dreht er den Kopf neugierig in die entsprechende Richtung. Er zeigt großes Interesse an den anderen Kindern. Damit er diese besser beobachten kann, legt Frau Stenzel ihn öfters auf den Bauch. Hieran hat Anton sichtlich Spaß. Er wippt und quietscht dann vor Vergnügen. Wenn ihm die Bauchlage nach einiger Zeit zu anstrengend wird, lässt er sich einfach auf die Seite „plumpsen“ und dreht sich dann schon selbstständig zurück auf den Rücken. In Rückenlage spielt er gerne mit seinen Händen. Er greift bereits alles, was um ihn herum liegt.

Anton hat noch keinen regelmäßigen Schlafrhythmus; Carina Stenzel achtet deshalb auf typische Signale von Anton, wann es für ihn Zeit ist, schlafen gelegt zu werden. Da seine Verdauung auch noch keine Regelmäßigkeit aufweist, muss Anton häufig gewickelt werden. Dabei genießt er die sanften Berührungen beim Säubern. Er macht sich dann lang und rekelt sich erwartungsvoll der nächsten Streicheleinheit entgegen.

Die Wasserpatscher

Carlo (2;3 Jahre)

Carlo (2;3 Jahre)

Nationalität: deutsch

Geschwister: keine

Eltern: Carlos Eltern, Julia und Nick, sind seit 10 Jahren verheiratet. Nach mehreren Fehlgeburten sind die beiden sehr glücklich, dass sich mit Carlos Geburt ihr Kinderwunsch endlich erfüllt hat. Carlos Vater arbeitet als Rechtsanwalt in einer Kanzlei. Julia ist Lehrerin am örtlichen Gymnasium. Nach zwei Jahren Elternzeit arbeitet sie nun wieder halbtags, wobei es ihr sehr schwergefallen ist, Carlo in Betreuung zu geben. Julia ist in ständiger Sorge, dass ihrem Sohn etwas zustoßen könnte, und es fällt ihr auch jeden Tag aufs Neue schwer, sich von Carlo zu verabschieden. Beide Eltern legen großen Wert auf Hygiene.

Sprachen: Deutsch

Carlo: Carlo wurde im Alter von zwei Jahren in die Gruppe aufgenommen. Die Eingewöhnung bereitete ihm im Gegensatz zu seiner Mutter keine Schwierigkeiten. Schon nach zwei Wochen konnte er sich morgens zügig von seiner Mutter lösen, um jeden Tag für ihn neue und spannende Spielmaterialien zu entdecken. Zurzeit gilt sein besonderes Interesse den Bauklötzen und der Holzeisenbahn.
Aber auch der Kontakt zu den anderen Kindern bereitet ihm große Freude. Er beobachtet aufmerksam das Spielgeschehen um sich herum und versucht sich darin einzubringen, indem er das nachmacht, was er bei den anderen Kindern gerade sieht. Dabei sucht er den Blickkontakt und die Aufmerksamkeit der anderen Kinder. Er lacht diese meist freundlich an; manchmal plappert er auch nach, was er in seiner Umgebung hört. Da er noch nicht alles richtig aussprechen kann, entstehen so Situationen, in denen alle plötzlich mit großer Freude Quatschwörter aneinanderreihen. Carlo wird dann meist übermütig und unterstreicht das fröhliche Treiben mit lustigen Gesten und Sprüngen. In diesen Situationen ist es dann schwierig, ihn zu bändigen, und es gab schon mehrfach blaue Flecken, weil er mit anderen Kindern oder Stühlen zusammengestoßen ist. Bei den anderen Kindern ist er als Spielpartner sehr beliebt.

Beim Essen mit Messer und Gabel zeigt Carlo schon großes Geschick. Er möchte am liebsten alles probieren. Leider darf Carlo nicht alles essen. So haben seine Eltern beim Aufnahmegespräch immer wieder betont, dass Carlo auf keinen Fall Nüsse essen darf. Vorsichtshalber soll er auch keine Hülsenfrüchte oder Sojaprodukte zu sich nehmen.
Seit zwei Wochen beobachtet Carlo mit großem Interesse, wenn andere Kinder das Töpfchen nutzen wollen. Jetzt sagte er das erste Mal: „Kako kaka."

Die Wasserpatscher

Johannes (2;10 Jahre)

Johannes (2;10 Jahre)

Nationalität: deutsch

Geschwister: eine Schwester (0;3 Jahre alt)

Eltern: Unmittelbar nach Johannes' Geburt ging sein Vater Max in Elternzeit. Seitdem Johannes vor einem Jahr einen Betreuungsplatz bei den *Wasserpatschern* bekommen hat, arbeitet Max wieder in Teilzeit als Energieberater bei der Verbraucherzentrale. Mit der Geburt der kleinen Schwester Merle hat sich noch einmal einiges im Familienalltag verändert: Max arbeitet nun wieder in Vollzeit und Mutter Paula hat dieses Mal eine längere Familienzeit eingeplant. Sie ist Physiotherapeutin und in der örtlichen Kurklinik angestellt. Max und Paula wohnen mit ihren beiden Kindern in einem sanierungsbedürftigen Haus, das sie von Johannes' Großvater geerbt haben. Sie beschäftigen sich viel mit notwendigen Baumaßnahmen, die sie größtenteils in Eigenleistung umsetzen.

Sprachen: Deutsch

Johannes: Johannes ist ein Kind, das viele Erwachsene als „Selbstläufer" oder „unproblematisch" beschreiben würden. Seine Eingewöhnung war schon nach fünf Tagen abgeschlossen. Er wirkt in der Gruppe oft wie ein Fels in der Brandung. Nichts kann ihn so schnell aus der Ruhe bringen. Auch wenn es noch so laut ist, kann Johannes sich entspannt auf seine Interessen und sein Spiel konzentrieren. Er rangiert gerne mit Baufahrzeugen auf dem Spielteppich und auch mit dem Hämmerchenspiel versteht er geschickt umzugehen. Dabei kommentiert er seine „Arbeiten" gut verständlich mit Fachbegriffen, wie „Bits" oder „Bohrhammer", die die Kinder erstaunen und Erwachsene schmunzeln lassen.

Den anderen Kindern gegenüber ist Johannes immer freundlich interessiert und regelrecht fürsorglich. Wenn Lilo weint, informiert er sofort Carina Stenzel oder versucht Lilo mit einer Streicheleinheit zu trösten. Auch zu den ruhigeren Kindern wie Konstanze und Felix sucht er aktiv den Kontakt und passt sich ihren Vorlieben an, ohne sie zu sehr zu bedrängen. Mit Konstanze schaut er gerne Bücher an, wobei er ihr immer die Auswahl überlässt. Mit Felix sitzt er auch gerne nebeneinander und sortiert gleichzeitig mit ihm Materialien nach Größe und Farbe. Die größte Freude hat er jedoch immer beim Spiel mit Lotta. Beide haben die Lieblingsfarbe Orange und beide tragen gern Kleider.

Seit der Geburt seiner kleinen Schwester hat Johannes' Verhalten sich verändert. Er sagt nicht mehr an, dass er die Toilette besuchen möchte und reagiert ruppig, wenn Anton oder Lilo weinen. Dann hält er sich die Ohren zu oder beginnt andere Kinder zu attackieren, sodass Carina Stenzel einschreiten muss. Als seine Mutter ihn mit Merle nachmittags abholte, flüsterte er Malte ins Ohr: „Die soll wieder in Mamas Bauch!"

Die Wasserpatscher

Konstanze (2;6 Jahre)

Konstanze (2;6 Jahre)

Nationalität: deutsch

Geschwister: keine

Eltern: Konstanzes Eltern führen eine Kunstgalerie in einer 50 km entfernten Stadt. Ihr Alltag wird neben den Öffnungszeiten des Geschäfts von Kunstmessen, Vernissagen und Auktionen bestimmt, zu denen sie ihre Tochter nicht immer mitnehmen können. Um Konstanzes Betreuung sicherzustellen, hat die Familie Charlotte, ein Au-pair-Mädchen aus Frankreich, bei sich aufgenommen. Sie kümmert sich um Konstanze, wenn die Eltern keine Zeit haben. Damit Konstanze nicht so unter dem zerrissenen Alltag der Eltern leidet, haben diese einen genauen Zeitplan aufgestellt, der dem Kind Sicherheit geben soll.

Sprachen: Deutsch und ein wenig Französisch

Konstanze: Konstanze liebt Bilderbücher. Zu jeder Gelegenheit trägt sie Bücher zu Carina Stenzel und fordert „Lesezeit" in der Kuschelecke ein. Ihr Wortschatz ist beeindruckend groß und vielfältig. Ihr gelingen auch schon längere Sätze. Häufig ist das Gesagte jedoch nur schwer zu verstehen, da Konstanzes Aussprache sehr undeutlich und feucht ist. Zum Teil weiß Frau Stenzel nicht, ob es gerade wieder französische oder Wörter aus der deutschen Sprache sind, die Konstanze benutzt.

Die Spiele der anderen Kinder scheinen Konstanze oft nicht zu interessieren. Wenn es mal wilder bei den *Wasserpatschern* zugeht, zieht sich Konstanze zurück. Zum Rausgehen muss man sie jedes Mal überreden und oft gelingt es Carina Stenzel nur, wenn sie ein Buch für das Mädchen mitnimmt. Sie kann dann alles auf den Bildern benennen, aber anfassen mag sie so interessante Fundstücke wie Regenwürmer, Tannenzapfen oder Blätter nicht. Auch die wiederholten Versuche von Carina Stenzel, das Kind zum Klettern oder Balancieren zu ermutigen, laufen ins Leere. Konstanze schiebt dann meist ihren Daumen in den Mund und schaut in eine andere Richtung.

Seit einigen Wochen braucht Konstanze nur noch selten einen Mittagsschlaf. Die Eltern drängen auch darauf, dass dieser am besten ausfallen soll, damit Konstanze abends rechtzeitig ins Bett geht.

Die Wasserpatscher

Lilo (0;9 Jahre)

Lilo (0;9 Jahre)

Nationalität: deutsch

Geschwister: ein Bruder (7;8 Jahre)

Eltern: Lilos Mutter hat nach der Geburt ihrer Tochter eine schwere postpartale Depression entwickelt. Obwohl die Mutter in Behandlung ist, fällt es ihr bis heute schwer, sich um die Kinder und den Haushalt zu kümmern. Lilos Vater ist als Lokführer viel unterwegs und muss regelmäßig auch an Wochenenden arbeiten. Soweit möglich, wird die Familie durch Lilos Großmutter unterstützt. Da diese an drei Tagen in der Woche in einer Reinigung arbeitet, besucht Lilo an diesen Tagen die *Wasserpatscher*.

Sprachen: Deutsch

Lilo: Lilo bekam schon kurz nach der Geburt Flaschennahrung. Seit ein paar Wochen wird die Ernährung durch Beikost ergänzt. Lilo ist begeistert von den neuen Geschmäckern und greift sofort nach dem Löffel, sobald sie ihn sieht. Die größeren Kinder verfolgen dies immer sehr gespannt und möchten genau wissen, was Lilo gerade zu essen bekommt.

Lilo entwickelt sich trotz der Erkrankung ihrer Mutter gut. Bislang kam Lilo gut mit den wechselnden Betreuungsverhältnissen zurecht und sie hat eine innige Beziehung zu ihrer Großmutter aufgebaut, die sich sehr um Lilos Wohlergehen bemüht. Das Ankommen bei den *Wasserpatschern* vor zwei Monaten fiel Lilo zunächst nicht leicht, denn gerade als Carina Stenzel guten Kontakt zu ihr aufgebaut hatte, wurde diese krank. Mittlerweile fühlt sich Lilo jedoch ausgesprochen wohl bei den *Wasserpatschern*. Es ist gleichgültig, ob ihr Vater oder ihre Großmutter sie in die Einrichtung bringen: Lilo wippt freudig auf dem Arm und schaut sich neugierig um, wer morgens schon alles da ist.

Lilo schafft es seit Kurzem, sich bäuchlings durch den Raum zu robben. Zunächst fanden die älteren Kinder dies spannend. Nun reagieren sie allerdings schon etwas ungehaltener, da Lilo versucht, an die Spielmaterialien heranzukommen. Wenn sie etwas zu fassen bekommen hat, führt sie es sofort zum Mund, um es zu untersuchen. In den Bauklötzen hat sie mit ihren ersten Zähnchen schon deutliche Spuren hinterlassen. Sie hat große Freude daran, wenn Carina Stenzel beim Wickeln kleine Kitzelspielchen mit ihren Zehen durchführt. Beide juchzen dann abwechselnd und Lilo lacht so viel, dass auch die anderen Kinder manchmal mitlachen.

Lotta (3;2 Jahre)

Lotta (3;2 Jahre)

Nationalität: deutsch

Geschwister: zwei ältere Halbgeschwister (14 und 16 Jahre) aus erster Ehe der Mutter, ein älterer Bruder (7;8 Jahre)

Eltern: Lottas Eltern sind beide im Schichtdienst tätig, der Vater als Feuerwehrmann, die Mutter als Altenpflegerin bei einem mobilen Pflegedienst. Die Familie wohnt in unmittelbarer Nachbarschaft zu den Großeltern in einem Einfamilienhaus. Die Eltern streiten sich häufig, ganz besonders, wenn Lottas Vater wieder einmal zu viel getrunken oder Geld für sein teures Hobby, die Aufarbeitung von Oldtimern, ausgegeben hat.

Sprachen: Deutsch

Lotta: Lotta wird von den pädagogischen Fachkräften als sehr temperamentvolles und fröhliches Kind wahrgenommen. Mit ihren kreativen Einfällen und ihrer überbordenden Fantasie kann sie sich schon lange Zeit in ihr Spiel vertiefen. Dabei geht sie manchmal sehr ruppig mit den kleineren Kindern in der Gruppe um. So versuchte sie neulich, als sie mit dem Puppenbuggy spielen wollte, ein Kind gegen dessen Willen hochzuheben und in das Gefährt zu bugsieren. Als das Kind vor Unbehagen strampelte, fielen beide hin. Auch die älteren Kinder lassen sich nicht immer auf ihre Spielideen ein. Dann wird Lotta wütend und gebraucht zum Leidwesen von Carina Stenzel Schimpfwörter oder sie spricht Drohungen aus. Am besten kommt Lotta mit Johannes aus, mit dem sie gerne Höhlen oder Behausungen baut.

Lotta liebt es, zu turnen und zu klettern. Dabei wirkt sie ausgesprochen geschickt, aber auch sehr risikobereit. Mit einer Schere kann sie schon gut umgehen und auch die Stifthaltung mit dem Dreipunktgriff gelingt problemlos. Bei allem, was sie tut, plappert sie in einem fort vor sich hin. Sie erfindet neue Worte, wenn ihr die passenden Worte fehlen, und hat großen Spaß an Reimen, Singspielen und Quatschwörtern. Diese singt sie dann immer lauter werdend vor sich hin und erfindet dazu Bewegungen und Grimassen.
An manchen Tagen wirkt Lotta jedoch müde und traurig. Meistens wirken dann auch Lottas Mutter oder Großmutter, die sie morgens bringen, bedrückt.

Die Wasserpatscher

Paul (2;8 Jahre)

Paul (2;8 Jahre)

Nationalität: deutsch

Geschwister: keine

Eltern: Pauls Mutter Luisa war 17 Jahre alt, als Paul geboren wurde. Sie lebte zum damaligen Zeitpunkt noch zu Hause, erhielt dort aber keine Unterstützung. Mithilfe des Jugendamts war es ihr möglich, eine eigene kleine Wohnung zu beziehen und durch ein Unterstützungsprogramm für junge Eltern war Luisa gut in der Lage, ihre Lebenssituation neu zu gestalten. In dem Mehrgenerationenwohnprojekt leben viele junge Eltern, aber auch ältere Menschen, die sich gegenseitig unterstützen, sodass Luisa sich derzeit richtig wohl fühlt. Als Paul 10 Monate alt war, begann Luisa ihre schulische Ausbildung zur Kinderpflegerin, die sie nun bald erfolgreich abschließen wird.

Sprachen: Deutsch

Paul: Zurzeit möchte Paul alles allein machen. Wenn Carina Stenzel ihm z. B. beim Anziehen der Schuhe helfen möchte, wird er wütend und ruft vehement: „Will alleine!" Auch beim An- und Ausziehen anderer Kleidungsstücke will er selbstständig sein. Sogar sein Lieblingsteddy wird von ihm regelmäßig an- und ausgezogen. Dabei gelingt es Paul mit großem Geschick, Klettverschlüsse zu öffnen oder auch den Reißverschluss hochzuziehen. Vor Kurzem hat er das Knopfloch für sich entdeckt und nun steckt er mehrfach seinen Finger hindurch.

Paul ist sehr am Spiel der älteren Kinder interessiert. Er schaut sich gerne um und versucht in Erfahrung zu bringen, was oder womit die anderen Kinder gerade spielen. Dann springt er herbei und versucht unvermittelt mitzumischen. Dabei schätzt er die Spielsituationen der älteren Kinder oft falsch ein, sodass es zu Unstimmigkeiten mit den anderen Kindern kommt. Die Erzieher merken es häufig daran, dass eines der Kinder „nein, Paul" ruft und es Rangeleien gibt, weil die Älteren bemüht sind, Paul aus der Spielsituation herauszuhalten. Paul ist dann aber ganz hartnäckig und lässt sich ungern abweisen. Meistens begleitet Maryam dann das weitere Geschehen, um zu prüfen, wie die Bedürfnisse der Kinder im weiteren Verlauf bestmöglich Berücksichtigung finden können.

Seit dem letzten Zoobesuch mit seiner Mutter gibt es für Paul kaum ein spannenderes Thema als Tiere. Vor allem von den Tigern ist er begeistert. Ständig fragt er Malte, ob er mit ihm Tiger spielen kann oder er schleicht wie eine Raubkatze durch den Gruppenraum, faucht andere Kinder an und schlägt mit seiner Tigerpranke nach den größeren Kindern, wenn diese ihn wieder nicht mitspielen lassen möchten.

r Wasserpatscher

Die Wasserpatscher

Die Wasserpatscher

Carina Stenzel

Gruppenleiterin bzw. Tagesmutter

Carina Stenzel (48 Jahre)

Gruppenleitung/Erzieherin
Tagesmutter

Carina Stenzel war früher als Bürokauffrau tätig. Nach der Geburt ihrer beiden Kinder hat sie nicht mehr in ihrem Beruf gearbeitet, sondern sich mehrere Jahre um ihre Kinder und die Versorgung ihrer kranken Mutter gekümmert. Als diese vor einigen Jahren starb, waren ihre Kinder schon auf weiterführenden Schulen und Carina Stenzel suchte eine neue berufliche Herausforderung. In ihrem bisherigen Beruf weiterzuarbeiten, konnte sie sich nicht vorstellen. Nach etlichen Anläufen wurde ihr von der Agentur für Arbeit eine Umschulung bewilligt. Sie war sich zunächst nicht sicher, ob sie der Herausforderung gewachsen sein würde, noch einmal die Schule zu besuchen. Aber schon nach kurzer Zeit stellte sie fest, dass es genau das ist, was in dem Moment für sie passte. Ihre Bedenken, die Älteste in der Klasse zu sein, wurden sofort zerstreut, als sie merkte, dass etliche Mitstudierende ebenfalls schon aus anderen Bereichen in die Erzieherausbildung gefunden hatten.

Seit ihrem Examen vor sechs Jahren arbeitete sie in einer Elterninitiative in der Betreuung von 2- bis 6-Jährigen. Als die neuen Räume für die U3-Gruppe in der Kita *Regenbogenland* gebaut wurden, bewarb sie sich als Gruppenleiterin, denn sie hatte festgestellt, dass ihr die Arbeit mit den Kleinsten immer besonders lag.

Carina Stenzel ist eine dynamische Frau. Sie fährt gern Fahrrad und geht regelmäßig schwimmen. Neben ihrem Interesse für Fußball engagiert sie sich in der Tiernotrettung. Auch in der Erziehung der Kinder ist es ihr wichtig, dass die Kinder frühzeitig Verantwortung für sich und die Umwelt übernehmen. Sie ermöglicht ihnen daher viele Erfahrungen in der Natur und im respektvollen Umgang mit allen Lebewesen. So oft wie möglich geht sie deshalb mit den Kindern nach draußen und wenn die Zeit es erlaubt, plant sie auch gern weitere Ausflüge zum nahegelegenen Wald. Carina regt dabei fantasievoll das Spielen und Gestalten mit Naturmaterialien an und ermöglicht den Kindern, die Welt mit allen Sinnen zu erleben.

Auch im Alltag möchte sie die Selbstständigkeit und Verantwortungsbereitschaft der Kinder fördern. Sie werden daher in viele Alltagsabläufe aktiv einbezogen, sei es beim Decken des Tisches, beim Aufräumen oder auch bei dem Füttern der Regenwürmer, die in der Wurmkiste der *Wasserpatscher* gezüchtet werden.

Nach einem ereignisreichen Tag genießt sie es, mit den Kindern nachmittags gemütlich auf dem Sofa zur Ruhe zu kommen. Sie nutzt diese Zeit gern, um bei der Betrachtung eines schönen Bilderbuchs oder mit Hilfe von Fotos, die sie tagsüber gemacht hat, mit den Kindern über Neuentdecktes und Gelerntes zu sprechen. Es fasziniert sie jedes Mal wieder, wie schnell Kinder in der Entwicklung ihrer Sprache sind und wie sie jeden Tag Neues lernen.

In letzter Zeit denkt Carina Stenzel immer häufiger darüber nach, eine Tagespflegestelle im eigenen Haus zu eröffnen.

Die Wasserpatscher

Malte

Erzieher

Malte (30 Jahre)

Erzieher

Malte arbeitet seit zwei Jahren in der Krippe. Erzieher zu werden, war schon immer sein Traumberuf. Ursprünglich wollte er mit Jugendlichen arbeiten. Schon sein Anerkennungsjahr absolvierte er in einer Wohngruppe zur Verselbstständigung. Dort lernte er auch seine Ehefrau Maja kennen. Als die beiden eine Familie gründeten, konnten sie die wechselnden Dienste in der Nacht und an den Wochenenden nicht mehr mit den Betreuungszeiten ihrer Zwillinge vereinbaren. Malte konnte sich als frisch gebackener Papa nun besser vorstellen, auch in der Betreuung jüngerer Kinder glücklich zu werden, und wechselte ins *Regenbogenland*. Seine Frau hingegen arbeitet nach wie vor in der Wohngruppe.

Malte ist ein dynamischer Typ, der gern neue Dinge und Trends ausprobiert. Er bouldert gern, liebt es zu surfen, Skateboard zu fahren und hat immer einen originellen Spruch auf Lager. Er kann die Kinder damit begeistern, seine Jonglierkünste zu zeigen und auch sonst ist er in der Lage, aus dem Stegreif heraus Ideen und Interessen der Kinder in wundervolle Spielsituationen zu verwandeln. Mal zaubert er aus einem einfachen Seil eine Zirkusnummer, dann wieder wird aus einem Wäschekorb ein im Wind schaukelndes Boot, in dem die Kinder die reinsten Abenteuer erleben. Mitunter werden die Spielsituationen auch ein wenig zu wild und in diesen Momenten fällt es ihm schwer, die Bedürfnisse der eher ruhebedürftigen Kinder wahrzunehmen.

Maltes und Majas Zwillinge sind bei einer Tagesmutter in Betreuung. Wenn dort wieder einmal eine Erkrankung unter den Kindern umgeht, hat er Sorge, selbst die neueste Infektionswelle in die Krippe einzuschleppen. Er neigt daher zu allergrößter Vorsicht und Achtsamkeit bei den Hygieneregeln. Gesundheit und gesunde Ernährung sind für ihn als Sportler ohnehin ein wichtiges Thema. Mit den Kleinen hat er dazu auch schon etliche Angebote ausprobiert: vom gesunden Frühstück, über Entspannungsübungen bis hin zur Zahnpflege. In der Kita *Regenbogenland* ist er für dieses besondere Interesse schon bekannt und bei allen im Team ein gefragter Ansprechpartner.

Carina Stenzels

Kindertagespflegestelle

Carina Stenzels Kindertagespflegestelle

Carina Stenzel hat sich dazu entschlossen, eine Kindertagespflegestelle zu eröffnen. Dafür muss sie zu Beginn mehrere Räume im Erdgeschoss ihres Hauses für die Betreuung von Kleinkindern umgestalten. Es gibt einen großen Raum, den sie mit kindgerechten Stühlen und Tischen ausstatten möchte, an denen gespielt oder gegessen werden kann. In einer Ecke des Raums stellt sie sich ein Sofa mit einem flauschigen Teppich vor. Dieser Bereich könnte gut durch einen niedrigen Bücherkasten abgetrennt oder eingerahmt werden, sodass er zu gemütlichen Bilderbuchbetrachtungen einlädt. Außerdem sollen in dem größeren Raum viele Materialien zugänglich sein, die für die Entwicklung der Kinder gut geeignet sind.

Angrenzend zum Hauptraum befindet sich ein kleinerer ruhig gelegener Nebenraum, in dem Schlafplätze für die Mittagsruhe bereitstehen können. Eine große Küche und ein kleines Gästebad sind über den Flur im Erdgeschoss erreichbar. Diese beiden Räume müssen nun auch auf die Bedürfnisse der Kleinstkinder angepasst werden.

Die weiteren Privaträume von Familie Stenzel befinden sich in der oberen Etage. Da der große Raum im Erdgeschoss bald für die Kinderbetreuung genutzt wird, hat sich die Familie darauf geeinigt, das Kinderzimmer von Tim Stenzel, der vor Kurzem ausgezogen ist, als Wohnzimmer einzurichten. Aber bis alles fertig ist, gibt es noch viel zu tun.

Das Haus von Familie Stenzel befindet sich in einer schönen Wohnlage am Rande einer Kleinstadt direkt am Waldrand. Der Garten wird unterteilt in einen für Kinder zugänglichen Bereich und einen privaten Bereich. Über eine Terrassentür im Hauptraum gelangen die Kinder zukünftig direkt nach draußen. Auf dem angrenzenden Rasen gibt es bereits einen Sandkasten mit Spielhäuschen. Besonders begeistert werden die Kinder sicherlich von den Hühnern „Berta", „Minna" und „Lisbeth" sein, die ihren Stall in der Nähe des Hauses haben.

In der Siedlung finden sich viele Möglichkeiten, Dinge des alltäglichen Lebens in einem für Kinder überschaubaren Rahmen zu erleben und Abläufe zu erlernen. Eine Bäckerei und ein Supermarkt sind in unmittelbarer Nähe und auch das Stadtzentrum mit Wochenmarkt, Kirchen, Bücherei und weiteren Geschäften ist in 15 Minuten mit dem „Kinderbulli" zu erreichen.

In der Tagespflegestelle von Carina Stenzel sollen schon bald bis zu fünf Kinder gleichzeitig betreut werden. Die Kinder sind in der Regel ein bis zwei Jahre alt, wenn sie bei Carina Stenzel aufgenommen werden und wechseln nach dem dritten Geburtstag voraussichtlich in die nahegelegene Kita *Regenbogenland*. Carina Stenzel hat frühzeitig eine Kooperation mit der Einrichtung angestrebt. So darf sie beispielsweise den Bewegungsraum des *Regenbogenlands* einmal in der Woche mit den Kindern nutzen. Auch sonst möchte sie oft mit den Kindern zu Besuch ins *Regenbogenland* gehen, damit diesen der spätere Wechsel in die Einrichtung nicht so schwerfällt.

Carina Stenzel steht derzeit schon in engem Kontakt mit Frau Müller, der Fachberaterin des Jugendamts für Kindertagespflege, die sie bei allen Vorbereitungen und der Zertifizierung unterstützt. Künftig lädt Frau Müller auch zu Austauschgesprächen mit anderen Tagesmüttern und -vätern ein. Auch an Fortbildungen für Tagespflegepersonen wird Carina Stenzel regelmäßig teilnehmen, weil ihr eine hohe Qualität in Betreuung und Bildung der ihr anvertrauten Kinder wichtig ist.

Da sie selbst gerne in der Natur ist und Bewegung liebt, nehmen diese Aspekte auch in ihrer Konzeption einen zentralen Platz ein. Nun sucht sie noch einen passenden Namen für ihre Tagespflegestelle. Ob sie vielleicht „KiKa" heißen sollte, als Abkürzung für „Kinder-Kate" oder „KiCa" für „Kindertagespflegestelle-Carina"? Eigentlich gefällt ihr auch „Purzelbaum" als Name ganz gut, da die Kinder bei ihr so lange betreut werden, bis sie einen solchen hinbekommen. Aber da wird ihr sicherlich noch eine passende Idee einfallen!